Ayiti

Ekri pa Tracy Vonder Brink
Tradui pa Jean-Pierre Gaston

TAB DE KONTNI

Yon Liv Crabtree Plantules

Crabtree Publishing
crabtreebooks.com

Sipò Lekòl A Kay Pou Moun Kap Bay Swen Ak Pwofesè Yo

Liv sa ede timoun yo grandi lespri yo nan kite yo pratike lekti. Men kèk kesyon kap ede lektè yo bati konpreyansyon konpetans yo. Repons posib yo parèt an wouj.

Anvan Lekti:

- De kisa mwen panse liv sa ap pale?
    - *Mwen panse liv sa se sou Ayiti.*
    - *Mwen panse liv sa pale sou fason pou viv ann Ayiti.*
- Kisa mwen vle aprann sou sijè sa ?
    - *Mwen vle aprann ki kote Ayiti ye.*
    - *Mwen vle aprann ki lang yo pale ann Ayiti.*

Pandan Lekti:

- Mwen mande poukisa...
    - *Mwen mande poukisa gen yon fò ann Ayiti.*
    - *Mwen mande poukisa yon wa te rete nan yon chato nan mòn yo.*
- Kisa mwen te aprann jiskaprezan?
    - *Mwen aprann ke Ayiti se yon zile.*
    - *Mwen aprann Pòtoprens se kapital Ayiti.*

Aprè Lekti:

- Ki detay mwen te aprann sou sijè sa?
    - *Mwen aprann ke Pòtoprens se pi gwo vil ann Ayiti.*
    - *Mwen aprann ke Ayiti gen plis ke 900 mòn.*
- Li liv la ankò epi chèche mo glosé yo.
    - *Mwen wè mo **kapital** la nan paj 4, ak mo **basen** nan paj 8. Lòt mo vokabilè glosè yow wap jwenn nan paj 22 ak 23.*

Ayiti se yon peyi.

Li nan yon zile ki rele Ispanyola.

Ayiti se ant lanmè Karayib la ak lanmè Atlantik Nò a.

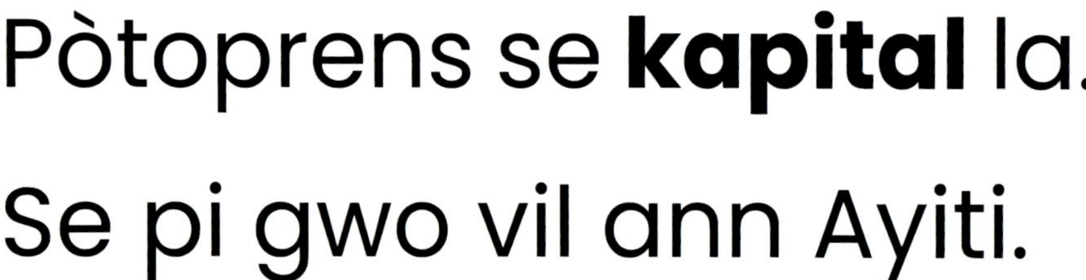

Pòtoprens se **kapital** la.

Se pi gwo vil ann Ayiti.

Pifò moun ann Ayiti pale franse ak kreyòl ayisyen.

Plis ke 2 milyon moun ap viv nan Pòtoprens.

Yo monte otobis ki plen koulè
ke yo rele tap-tap.

Okap se nan nò.

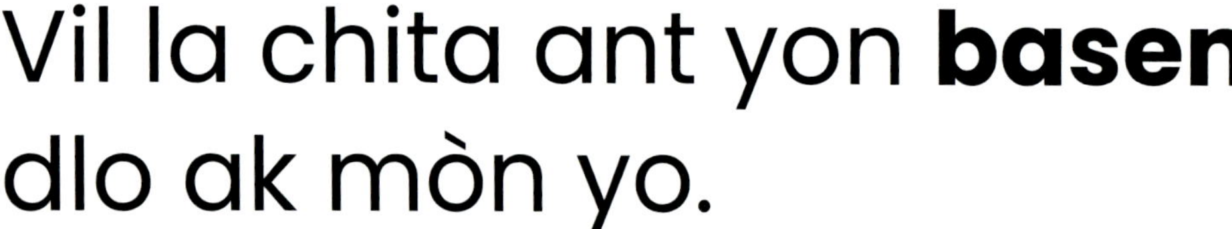

Vil la chita ant yon **basen** dlo ak mòn yo.

Sitadèl Laferrière la te bati sou tèt yon mòn toupre Okap.

Gen yon tan se te yon **fò**.

Li gen plis ke 200 ane.

Ruins ki rete de Palè San-Souci yo nan menm mòn Sitadèl la.

Yon wa te rete la depi lontan de sa.

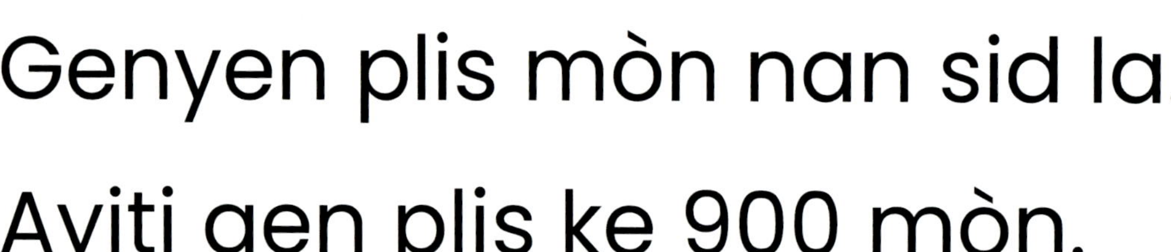

Genyen plis mòn nan sid la.

Ayiti gen plis ke 900 mòn.

Zwazo heron vèt, flamingo, ak anpil lòt kalite zwazo viv ann Ayiti.

Gen zwazo an Ayiti ki **inik**.

Trogon Ispanyolan yo ou ka jwenn yo sèlman sou bò kote Ayiti a ye.

Trogon Ispanyolan yo se zwazo nasyonal Ayiti.

Ayiti gen yon **kòt** long.

Plaj yo gen sab ki mou ak blan.

Lanmè a plen ak lavi.

Dòfen bottlenose yo jwe nan vag yo.

Dlo lanmè Ayiti yo bèl!

Glosè

basen: Yon kò dlo ki konekte ak yon lanmè oswa yon lak epi ki an pati antoure pa tè

fò: Yon bilding ki yo te fè solid kont yon atak

inik: Trè espesyal et ki kontrèman ak nenpòt lòt bagay

kapital: Vil kote gouvènman yon peyi oswa yon eta ye

kòt : Peyi ki bò lanmè a

ruins: Yon vil oswa bilding ki te detwi

Endèks

Kiyes Otè A Ye

Tracy Vonder Brink

Tracy Vonder Brink renmen vizite nouvo kote. Li pa janm vizite Ayiti, men li konn wè dòfen nan lanmè a. Li ap viv nan Cincinnati, Ohio ak mari li, de pitit fi, ak de chen sekou.

Ekri pa: Tracy Vonder Brink
Ilistrasyon ak mizanpaj pa: Niko Magaror
Devlopman Seri: James Earley
Korektè: Janine Deschenes
Konsiltan Edikasyon: Marie Lemke M.Ed.
Tradui pa: Jean-Pierre Gaston

Photographs: All images from Shutterstock and iStock

Crabtree Publishing

crabtreebooks.com 800-387-7650

Printed in the U.S.A./052025/CP20250423

Published in Canada
Crabtree Publishing
616 Welland Avenue
St. Catharines, Ontario
L2M 5V6

Published in the United States
Crabtree Publishing
347 Fifth Avenue
Suite 1402-145
New York, New York, 10016

Library and Archives Canada Cataloguing in Publication
Available at Library and Archives Canada

Library of Congress Cataloging-in-Publication Data
Available at the Library of Congress

Hardcover: 978-1-0398-6493-1
Paperback: 978-1-0398-6562-4
Ebook (pdf): 978-1-0398-6631-7
Epub: 978-1-0398-6700-0
Read-Along: 978-1-0398-6826-7
Audio: 978-1-0398-6763-5